La franc-maçonnerie et la conscience catholique

Thomas Cyrille Couët

Québec, 1910

Édition : BoD · Books on Demand, 31 avenue Saint-Rémy,
57600 Forbach, bod@bod.fr
Impression : Libri Plureos GmbH, Friedensallee 273,
22763 Hamburg (Allemagne)
ISBN : 978-2-3225-3304-6
Dépôt légal : Mars 2025

R. P. COUËT, O. P.

LA FRANC-MAÇONNERIE

ET

LA CONSCIENCE CATHOLIQUE

ÉTUDE

SUR

LA DÉNONCIATION JURIDIQUE

QUÉBEC

TABLE DES MATIÈRES

(ne fait pas partie de l'ouvrage original)

APPROBATION

____

Vu et approuvé :

Fr. Th. Dom. G. Gonthier, O. P.,
>> Lecteur en Théologie.
Fr. E. A. Langlais, O. P.,
>> Lecteur en Théologie.

____

Permis d'imprimer :

>> St-Hyacinthe, 8 février 1910.

Mon Révérend Père,

Je crois sincèrement que votre travail est de nature à faire du bien, et je vous engage à le publier.

>> Votre très dévoué en N. S.
>> Fr. Henri Hage, O. P.,
>> Vicaire-Général des Dominicains.

____

Imprimatur :

>> † Paul-Eugène,
>> Évêque d'Eleuthéropolis.

Québec, 15 février 1910.

Conformément à la loi, trois exemplaires de « La Franc-Maçonnerie et La Conscience catholique » ont été déposés au ministère de l'Agriculture, Ottawa, par le R. P. Couët, Dominicain, en l'année mil neuf cent dix.

LETTRE DE M. L'ABBÉ PERRIER À L'AUTEUR

Montréal, 15 février 1910.

Au Révérend Père Couët, O. P.,
        Québec.

Mon Révérend Père,

La publication de votre brochure devrait être la première d'une série devenue nécessaire à l'heure actuelle pour démasquer l'ennemi et former une saine opinion publique dans la Province de Québec.

Je vous félicite de recourir à ce genre, au tract, pour rappeler en termes vifs, nets, pressants les principes qui doivent guider nos contemporains ; à cette lumière ils verront la voie droite dans laquelle ils doivent marcher pour garder leur foi et rester fidèles à leurs meilleures traditions nationales.

Qui ne connaît la salutaire influence des tracts en Angleterre ? Ce sont des hommes de conviction qui ont commencé le mouvement. Parfois, on était violent. On reconnaissait que c'était nécessaire pour saisir et remuer les esprits. À ceux qui s'effarouchaient, Newman répondait : « On ne gagne rien en se tenant tranquille. Je suis sûr que les apôtres ne se tenaient pas tranquilles. »

Vous avez de beaux modèles. J'envie votre bonheur de pouvoir marcher sur leur trace et vous prie d'agréer l'expression de mes sentiments bien dévoués.

(Signé)
L'abbé PHILIPPE PERRIER.

LA FRANC-MAÇONNERIE ET LA CONSCIENCE CATHOLIQUE

ÉTUDE SUR LA DÉNONCIATION JURIDIQUE

I

Instituée pour faire la guerre au mal, et détruire son règne et son empire dans le monde, l'Église, dès sa naissance, savait ce qui l'attendait au cours des siècles. Elle était avertie.

Son fondateur n'avait-il pas dit à ses premiers apôtres : « Allez et enseignez toutes les nations ! » Mais il avait ajouté : « Je vous envoie au milieu des loups. » Ce n'était pas un correctif, mais un avertissement. De plus, il avait dit encore : « Le loup se cache sous la peau de la brebis ; mais soyez sans crainte, je serai avec vous jusqu'à la consommation des siècles, et jamais les portes de l'enfer ne prévaudront contre cette Église que je bâtirai sur la pierre. »

Il importe de ne jamais oublier ces paroles, quand on parle de l'Église, de ses ministres, de ses œuvres et de son histoire.

Il est manifeste qu'elle est née pour le combat, c'est sa vie, et jamais elle ne s'est dérobée à ce devoir. Alors rien d'étonnant qu'elle ait, elle aussi, ses moyens propres de défense et d'attaque ; on conçoit également qu'il lui importe de connaître ses ennemis. Et, c'est élémentaire.

Parmi eux, il en est qui frappent en plein visage, ce sont les braves : ils combattent l'épée en main, ces chevaliers d'une mauvaise cause, égarés par la passion que produit souvent l'erreur et qu'entretient l'ignorance. Ils sont animés d'une certaine bonne foi qui les amène souvent aux pieds de celle-là même qu'ils ont voulu détruire. Elle les accueille avec bonté, comme du reste, toute âme loyale et sincère qui cherche la vérité, et qui l'accepte dès qu'elle est reconnue.

Il en est d'autres qui se cachent, qui se dissimulent pour organiser leurs complots. Ils ne sont pas parmi les plus braves, ceux-là, mais ils comptent certainement parmi les plus dangereux. Ce n'est pas que l'Église ait peur ou qu'elle appréhende quelque coup mortel, elle ne craint rien sous ce rapport, les promesses de son fondateur lui ont suffi jusqu'à ce jour ; mais elle redoute pour ses enfants, l'effet de leurs machinations. Cependant, contre eux aussi elle est armée.

Fille de la lumière, elle se servira de la lumière, et elle projettera un puissant faisceau de rayons lumineux sur les bas-fonds dans lesquels ils se dérobent. Léon XIII l'a dit avec une vigueur et une énergie admirables : « Démasquez ces hommes, faites la lumière sur leurs agissements. »

Comme on le voit, c'est une bataille de nuit, en pleines ténèbres, puisqu'il faut descendre dans l'antre obscur de la « Veuve Trois-Points. »

C'est pourquoi, l'Église, afin de les atteindre plus sûrement, a fait aux fidèles un devoir grave de dénoncer les officiers et les chefs occultes de la Franc-Maçonnerie et des sociétés secrètes, et cela sous peine d'excommunication. C'est grave, oui, mais c'est sage et habile, car c'est combattre à armes égales, et ce sera une arme souverainement efficace dans les mains d'un soldat docile à la voix de ses chefs.

On aurait tort de reprocher à l'Église cette manière de combattre. Ce n'est pas elle qui l'a voulue. Encore un coup, elle est née pour le combat, il faut bien suivre l'ennemi sur le terrain que lui-même a choisi, à moins que l'on ne prétende qu'elle doive se laisser égorger bêtement comme une victime que l'on conduit à la boucherie. C'est ce qu'elle ne fera pas, elle ne peut pas le faire, elle n'en a pas le droit. Alors elle luttera et elle triomphera comme toujours en attendant qu'elle soit appelée sur de nouveaux champs de bataille, car ces luttes comme ces victoires ne sont, en somme, que des épisodes dans la guerre engagée depuis les premiers jours de son existence.

Bien peu connaissent cette obligation et en comprennent la portée ; cependant, comme nous le verrons tout-à-l'heure, elle intéresse tous les fidèles.

Nous essaierons donc dans les pages qui vont suivre, d'expliquer ce devoir, et d'en mesurer toute l'étendue.

II

DÉNONCIATION DES FRANCS-MAÇONS

Sommaire : — Défense et protection. — Droit naturel. — S. Thomas et les théologiens modernes. — La Franc-Maçonnerie, force essentiellement destructive. — Prudence chrétienne. — Devoir impérieux.

Toute société, légitimement établie, possède le droit de se défendre contre toute agression injuste et de se protéger contre toute entreprise qui pourrait menacer son existence. C'est affaire de droit naturel et de droit commun. Donc, pour elle, nécessité de connaître ces agresseurs ; donc, pour tous ceux qui composent la société, obligation de dénoncer les noms de ces malfaiteurs qui complotent et préparent la désorganisation du corps social.

Le plus simple bon sens suffit pour dire à tous que l'on n'a pas le droit de se taire, qu'il y a même un devoir grave de conscience, de faire cette dénonciation, dût-on, de ce chef, encourir la haine des sectaires et s'exposer à leurs représailles : question préalable qu'il importe d'élucider dès maintenant, afin de bien faire voir à chacun l'étendue de son devoir vis-à-vis des francs-maçons.

Les théologiens s'accordent à reconnaître l'existence et la force coercitive de cette loi ; ils ne manquent pas non plus d'en préciser toute la rigueur.

S. Thomas, dans la Somme Théologique, nous dit : « Toutes les fois que le péché caché peut nuire au bien corporel ou spirituel d'autrui, il faut avertir l'autorité, car le bien public l'emporte sur le bien privé. Ce serait le cas, si un conspirateur essayait de s'emparer de la ville ou si quelqu'un voulait détruire la loi dans les âmes. »[1] L'exemple est typique. Un peu plus loin, dans l'article Ier de la question 68e de la même partie, il confirme cet enseignement. Billuart, dominicain du 18e siècle, et l'un des commentateurs les plus autorisés de S. Thomas, parle dans le même sens. Parmi les théologiens plus modernes, Konings, C. S. S. R., déclare que les particuliers sont tenus par charité, sous peine de péché grave, de dénoncer les malfaiteurs dangereux pour l'ordre public, qu'il s'agisse de l'état ou de l'Église, même s'ils devaient en souffrir. Bucceroni, S. J., dit encore que pour éviter un plus grand mal, il ne faut pas hésiter à dénoncer les fauteurs du mal qui se cachent. Une loi positive n'est même pas nécessaire, le danger public suffit pour justifier pareille démarche.

C'est clair, c'est simple, car c'est l'enseignement de l'Église donné par la plume de ses théologiens les plus compétents. Il n'y a donc plus d'hésitation possible.

Mais la franc-maçonnerie, et les sociétés secrètes en général, sont-elles un danger et une menace pour l'ordre public ?

La tolérance dont elles sont l'objet, et le crédit dont elles jouissent auprès de certains gouvernements constituent peut-être une sorte de présomption en leur faveur. Aux yeux des esprits ainsi prévenus, tous ceux qui les condamnent sont injustes, à tout le moins téméraires. Cependant, non seulement dans les siècles passés, mais encore dans le présent, elle a été et elle est encore l'instigatrice toute puissante et très écoutée de certains actes tout-à-fait nuisibles, et parfois désastreux pour l'Église comme pour l'état. Il est évident qu'elle s'est faite persécutrice.

Empruntons à Léon XIII les paroles qui résument le mieux, l'ensemble de la doctrine sur la franc-maçonnerie. Il a été vingt-cinq années durant, le docteur universel. Son génie puissant et inspiré lui a dicté, sur cette question, l'expression des pensées les plus exactes comme les plus clairvoyantes, tant au point de vue théologique et philosophique, qu'au point de vue social et politique.

Elle est, dit-il, dans son Encyclique : *Humanum Genus*, une institution essentiellement malfaisante, et elle constitue un péril permanent pour l'Église et pour la société civile elle-même, si bien que les peuples soucieux de leurs intérêts, à l'exemple de l'Église, devraient la condamner, la poursuivre partout où elle se cache, et la faire disparaître. Écartant d'abord d'une main ferme et vigoureuse les voiles du mystère dont elle s'enveloppe, et qui ne sont que la parodie et l'imitation de nos fêtes et de nos cérémonies, il dit ensuite la nature du serment des franc-maçons : serment odieux et criminel parcequ'il place ceux qui le prêtent au-dessus de tout tribunal, et leur défend même de dire la vérité au juge qui les interroge.

De là, montant plus haut, jusqu'aux principes suprêmes connus d'un petit nombre seulement, bien que l'on soit moins discret de nos jours, il montre que le but ultime de ces organisations, c'est la destruction de la croyance en Dieu et de tout l'ordre surnaturel. Le péché originel, la grâce, nos rapports avec l'autre monde, soit durant la vie présente soit après la mort, tout cela, disent les adeptes, ce n'est que ténèbres ; on ne les a jamais percées et on ne les percera jamais. Ce n'est pas évidemment ce qu'elle enseigne à tous les siens, ceux des rangs inférieurs, les naïfs, les badauds, les initiés des premiers degrés, elle s'en garderait bien, mais comme le dit le Souverain Pontife, c'est vers ce but qu'elle fait porter tous ses efforts. Grâce à la dissimulation, l'hypocrisie et le mensonge, elle réussit à tromper un grand nombre de personnes qu'elle enrégimente dans ses bataillons éblouis et flattés, qu'elle lance à droite et à gauche, comme des rideaux de troupes qui couvrent le corps principal, chargé des assauts les plus décisifs et les plus meurtriers.

Il va sans dire que le principal objectif de ces assauts, c'est l'Église, la gardienne ici-bas du surnaturel et la semence des vertus chrétiennes. Tout est bon contre elle : le mensonge, la calomnie, la falsification de l'histoire, comme l'interprétation scandaleuse de sa loi et de sa discipline.

Pour atteindre plus sûrement son but, elle corrompt les mœurs par la production et la propagation d'œuvres littéraires ou artistiques qui bravent l'honnêteté. L'obscène est en grande faveur chez elle.

La société civile elle-même, organisée avec une sollicitude si grande, au cours du moyen-âge, armée d'une force de résistance si remarquable, ne pouvait trouver grâce devant elle. Malgré l'ébranlement qu'elle a déjà subi, ses ennemis sentent bien que les lois sur lesquelles elle repose ont encore un parfum trop fort d'essence chrétienne. C'est pour cela que les lois qui régissent le mariage, comme son inviolabilité et son indissolubilité, sont dénoncées par elle, tournées en ridicules sur la scène ou dans le roman sans mœurs, ou menacées par des lois iniques. Elle s'empare de l'enfance qu'elle arrache aux bras et à la foi des parents et qu'elle entasse dans ses écoles où on lui enseigne autre chose que les traditions chrétiennes.

Elle ne sera satisfaite que le jour où ces bases sociales n'existeront plus, et qu'elle dictera à la société des conditions d'existence conformes à sa doctrine, c'est-à-dire le jour où elle la conduirait infailliblement à la banqueroute, si la Providence n'était là pour lui dire comme jadis à son maître : *Vade retro !*

Inutile d'insister d'avantage : il est certain que la franc-maçonnerie constitue un danger permanent que tout homme d'honneur et de cœur devrait combattre ; bien plus aucun gouvernement ne devrait en tolérer l'existence ni l'admettre dans ses conseils.

Dans tous les cas, pour ce qui concerne le catholique, le chrétien et le philosophe qui veulent être sérieux, ce qui précède suffit pour leur indiquer leur devoir et nous n'en demandons pas davantage aujourd'hui.

Désormais, que tous les francs-maçons et les membres des sociétés organisées sur la même base, et qui leur sont sympathiques, nous soient suspects, n'ayons aucuns rapports avec eux, et n'hésitons pas à les faire connaître au grand jour.

Il est vrai que l'Église a supprimé l'excommunication qui atteignait jadis ceux-là qui ne dénonçaient pas même les simples francs-maçons, mais l'obligation de droit commun reste toujours.

Cependant n'oublions pas les droits de la charité chrétienne. Soyons sages et prudents ! Nous savons ce que veut l'Église, elle a besoin de connaître ses ennemis, mais n'oublions pas non plus que la calomnie et l'injustice lui font horreur. Dans une matière aussi grave, nous dirons simplement avec la théologie :

« Si l'on n'a pas de preuve de ce qu'on soupçonne ou de ce qu'on a entendu dire, la charité et la justice exigent que l'on garde le silence. »

Mais à celui qui possède la preuve et la certitude, il n'est plus permis d'hésiter ni de se taire.

---

1. ↑ S. Thom. 2 da, 2 dae. Q. 33, art. VII, o.

III

DÉNONCIATION DES CHEFS

Sommaire : — L'Église est sage. — Sanction rigoureuse. — Ce qu'elle n'est pas. — Ses conditions. — Encore la prudence. — Ceux qui doivent parler.

L'Église ne fait rien à la légère, l'expérience des siècles passés et l'assistance de l'Esprit Saint en sont de sûrs garants. Elle a ses motifs, et elle pèse mûrement ses décisions.

Comme nous le disions tout-à-l'heure, bien que l'odieux de pareilles mesures semble peser sur elle, nous n'en persistons pas moins à déclarer que la dénonciation des sectaires est un acte de charité chrétienne, car elle se doit à tous, et elle doit protection à la foi et aux mœurs de tous les fidèles. Ses membres à leur tour lui doivent cette marque de piété filiale.

Ainsi donc cette obligation de dénoncer les francs-maçons est grave comme on vient de le voir. Mais elle l'est bien davantage quand il s'agit des chefs et officiers qui tiennent dans leurs mains tous les fils de ces organisations, et les font marcher à leur guise. C'est pourquoi l'Église a imposé une peine très sévère contre ceux qui refusent de dénoncer ces sortes de personnes. On peut juger par là de l'importance qu'elle attache à cette démarche.

Voici cette peine, c'est une excommunication réservée au Souverain Pontife. Elle se trouve dans la célèbre Constitution : *Apostolicae Sedis,* donnée à Rome, par le Pape Pie IX, le 12 octobre 1869. Elle se lit comme suit : « Sont excommuniés : 1°. Ceux qui donnent leur nom aux sectes maçonniques, ou sociétés du même genre, qui conspirent contre l'État ou contre l'Église ; 2°. Ceux qui les favorisent et les protègent d'une manière quelconque ; 3°. Ceux qui ne dénoncent pas les chefs ou officiers cachés et occultes, aussi longtemps que la dénonciation n'est pas faite. »

Ainsi donc, la censure porte sur trois catégories de personnes : d'abord, les francs-maçons proprement dits, puis leurs protecteurs, puis enfin ceux-là que l'on pourrait aussi bien appeler leurs protecteurs indirects, puisqu'ils les protègent par le silence. Ce sont pourtant des catégories de personnes bien distinctes, mais toutes trois encourent la même peine, toutes trois sont excommuniées au même titre.

Il n'est donc permis à personne de garder pour soi les renseignements que l'on possède sur les chefs de ces sociétés, et c'est d'autant plus urgent que l'Église ajoute une sanction à la loi commune, dont nous avons parlé tout-à-l'heure, pour presser les détenteurs de ces secrets.

Puisqu'il s'agit d'une obligation grave de sa nature, nous l'étudierons avec soin. Disons d'abord ce qu'elle n'est pas :

1º. Il ne faut pas voir ici simplement une invitation ou un désir de l'Église priant les fidèles de parler s'ils le jugent à propos.

2º. Ce n'est pas, non plus, un avertissement charitable ou une correction fraternelle qui, dans les circonstances, aurait bien peu de chance de réussir, puisqu'il s'agit des chefs.

3º. Elle ne vise pas seulement ceux qui se retirent de la société, sur leur lit de mort ou autrement.

Mais il s'agit d'une dénonciation juridique, qui doit être faite à l'autorité supérieure, légitime, en vue de la correction du délinquant ou de la protection de la communauté, et cette obligation atteint tous les catholiques qui savent, de source certaine, que tel ou tel individu est officier dans une société défendue par l'Église.

Pour parler le langage de la théologie, nous nous trouvons en présence d'un précepte positif, grave, qui oblige en conscience tous les fidèles ayant l'âge de puberté. Les termes mêmes de la formule, qui est négative, indiquent encore plus clairement sa portée.

Non denunciantes, ceux qui ne dénoncent pas ; donc tous ceux qui savent, sans exception, quels qu'ils soient, s'ils ne parlent pas, sont excommuniés. (Konings, Theol. Mor. Nº. 1721, 30).

La dénonciation des coupables doit être faite dans l'intervalle du mois qui suit la connaissance de cette obligation, ou bien l'élection d'un catholique à un office ou à une charge quelconque dans les loges. (Const. *Apost. Sedis*).

Elle doit être faite à l'Ordinaire, de vive voix, par écrit, ou par l'intermédiaire du confesseur, s'il veut bien se prêter à ce ministère. (Konings, op. cit., ut suprâ.)

Un mois de grâce est donc accordé pour faire cette démarche, mais le mois écoulé, que ce soit négligence ou que ce soit mauvais vouloir, si on ne s'est pas exécuté, on encourt de suite, et par le fait même de l'abstention, l'excommunication avec tous ses effets et conséquences, qui sont la privation des sacrements, des mérites de l'Église et de la participation à la Communion des saints.

L'absolution de cette censure est réservée au Souverain Pontife. Cependant, une fois que le précepte est accompli, tous les prêtres approuvés peuvent en absoudre ; mais, n'oublions pas que ce pouvoir ne peut être exercé avant que le coupable n'ait été relevé de la censure. (S. Off., 1ᵉʳ fév. 1871.)

Il ne peut donc y avoir aucun doute dans l'esprit de personne, tous ceux qui connaissent des officiers ou des chefs des sociétés secrètes, sont tenus de les dénoncer.

Cependant, il y a des réserves dont il faut tenir compte. Ainsi nul n'est tenu de se dénoncer lui-même. Nul, non plus, n'est tenu de faire la dénonciation par un autre, s'il ne peut la faire en personne. (Ferraris verb. Denunciatio.)

Dès que le coupable est connu de l'autorité religieuse, l'obligation cesse. Cependant une simple accusation portée par les journaux ne suffirait pas. (S. Off. ut suprà.)

En outre, comme il s'agit d'un précepte de loi positive, il n'oblige pas, si son exécution peut causer des torts considérables à la personne ou aux biens du dénonciateur. Toutefois, Berardi, S. J. nous met en garde contre toute illusion qui nous ferait prendre une crainte imaginaire pour une réalité. Il faut donc y aller *cum grano salis*, dit-il. Le précepte ne peut cesser d'obliger que si l'on est « sérieusement » exposé au danger de l'infamie ou de la mort ; ou encore exposé à subir des dommages graves, dans ses biens ou ceux de ses proches. (Praxis Conless, N°. 1069, IV.)

Nous venons de faire très large la part des réserves, c'est vrai, mais nous croyons, en agissant ainsi, nous tenir dans l'esprit de l'Église et de son enseignement doctrinal. *Odiosa sunt restringenda*, a-t-on coutume de dire en théologie, ce qui ne signifie pas que tout devoir pénible doit être supprimé et frustré, mais que l'Église sait apporter des tempéraments à la rigueur de ses lois : concessions à la pitié et à la commisération en faveur de la faiblesse humaine. Cependant, cette réserve faite, la loi reste intacte et conserve toute sa force effective. Comme nous le verrons bientôt elle atteindra toujours son but, car ils sont nombreux ceux-là qui ne pourront pas s'y soustraire, sans encourir la censure édictée par le Souverain Pontife.

Il y a d'abord tous les membres actuels des loges. Ils ne cessent pas d'appartenir à l'Église, bien qu'ils soient excommuniés ; ils sont sans doute en état de péché mortel, mais quand même soumis à ses lois coercitives.

Il y a encore ceux qui se retirent, pour une raison ou pour une autre ; après avoir vécu dans la société de ces gens-là, ils les connaissent très bien, eux et leurs chefs, ils doivent donc parler.

Il y a encore les amis auxquels on fait des indiscrétions, comme il y a les accidents qui vous ménagent les surprises les plus inattendues.

Et, ceux-là que les zélateurs approchent, sollicitent et pressent de donner leur nom aux sectes maçonniques composent peut-être la catégorie qui est le plus à même de fournir les meilleurs renseignements. Nous concevons bien que ce ne sont pas les catholiques les plus fervents ni les plus dévots, nous osons croire cependant qu'ils auront assez d'esprit religieux, devant une obligation si grave, pour faire leur devoir en hommes sérieux et intelligent. Ils doivent être assez nombreux ces gens-là, auprès de qui on va faire du zèle : pour faire valoir la marchandise, on cite sans doute des noms ; cela doit suffire, si on a des raisons de croire qu'ils disent vrai. Qu'ils aillent donc sans crainte, comme sans remords, porter ces confidences à qui de droit. « Bas les masques ! disait Léon XIII. Montez à l'assaut de ces sépulcres blanchis ! »

Encore une fois, il ne peut être question de racontars, ni de confidences de bonne femme, ni de révélations de journal, mais de science positive et de certitude.

Nous rappelons maintenant, pour mémoire, les sociétés condamnées nommément par l'Église :

1°. Les Francs-Maçons proprement dits et les Carbonari.

2°. Les Oddfellows, les Fils de la Tempérance. S. off. 21 août 1850. Inq., 20 juin 1894.

3°. Les Féniens. S. Off., 12 janvier 1870.

4°. Les Solidaires, les Internationalistes et les Mazzinistes. S. Off., 5 juillet 1865.

5°. Les Chevaliers de Pythias. S. Off., 21 août 1850. Inq., 25 juin 1894.

6°. En général, tous les sectaires qui conspirent contre l'Église et les pouvoirs établis, soit en public, soit en secret, et surtout les officiers et les chefs occultes et cachés.

Voilà cette obligation. Beaucoup sans doute ne la connaissaient pas encore, et ne soupçonnaient pas la censure si sévère portée par l'Église ; désormais, ils n'auront plus le droit de plaider ignorance. Grâce à leur zèle, il sera plus facile d'atteindre la racine du mal, de connaître ses causes et de lui appliquer des remèdes énergiques et efficaces.

Ne soyons pas surpris des rigueurs de l'Église contre les coryphées de la franc-maçonnerie. Tant de ruines ont été accumulées par elle depuis plus d'un siècle ! Race de vipères et de serpents ! elle s'est montrée extrêmement habile et pleine de ressources dans ses entreprises. Mais… elle avait si bien organisé la conspiration du silence, et fait des ténèbres si épaisses autour d'elle !…

IV

CONTRE LA DÉNONCIATION

Sommaire : — Hésitation. — Ignorance. — Préjugés.

Nous voici rendu à la dernière partie de ce travail.

Il est évident qu'il faut arracher la peau de brebis des épaules du loup. C'est une obligation grave, de droit commun, en ce qui concerne les francs-maçons ordinaires, mais de droit positif et plus strict encore, quant aux chefs des loges maçonniques.

Et pourquoi tous ne font-ils pas leur devoir ? car il y en a bien sûr, qui hésitent, et qui refusent de parler. Nous voulons le dire en terminant, ce sera peut-être forcer ce boulevard du silence qui protège nos adversaires depuis trop longtemps.

1° Bien peu connaissent l'obligation que nous venons d'exposer. Ils ne sont pas avertis, et ils ne comprennent pas la portée d'une pareille loi, ne soupçonnant pas du tout le mal que la franc-maçonnerie peut faire à l'Église et à la société. Sans doute leur esprit est égaré par la profusion d'idées fausses qui circulent sur sa nature, son but et ses moyens d'action. Et puis, avouons-le donc, combien se sont laissé surprendre à cause de leur indocilité aux enseignements de l'Église !

2° Beaucoup sont indifférents, craintifs à l'excès, pour ne pas dire lâches et peureux. Comme on hésite et comme on recule devant un devoir grave ! Bien plus on évite de s'en rendre compte, on feint de l'ignorer, ou bien, on ne veut pas le connaître à fond, et on s'imagine après cela pouvoir échapper à ses obligations.

On ne tient pas non plus à se déranger, pas même pour avertir un voisin que sa maison brûle, c'est monstrueux, mais le fait existe. Ce n'est pas étonnant alors que l'on soit si timide en présence d'une obligation morale et religieuse vers laquelle on se sent si peu attiré parce qu'elle ne nous présente qu'un minime intérêt.

Ou encore, on rejettera la charge sur les épaules d'une autre personne, sous prétexte qu'elle en connaît tout aussi long, et qu'elle peut tout aussi bien faire cette révélation. C'est une erreur : l'une et l'autre sont tenues au même titre. L'une et l'autre, si elles refusent de faire leur devoir, encourent la même censure.

3° Il en est qui seront retenus par une certaine répugnance à passer pour délateurs ; comme s'il s'agissait de la délation — si odieuse aux écoliers — de ces fredaines ou gamineries qui ne peuvent nuire en aucune façon à la bonne renommée d'une institution, ni faire tort à personne… Oh ! les rapporteurs ! Il n'en serait pas de même évidemment, et la délation deviendrait un devoir et perdrait son caractère odieux, si l'écolier se faisait le fauteur de scandales, ou le destructeur de la propriété. On n'aurait plus alors le droit de se taire. Il en est de même des conspirations et des machinations des sociétés secrètes.

4° Une fausse pitié en arrête quelques-uns, « car, disent-ils, ce serait faire tort à ce brave homme de « franc-maçon », ce serait nuire à « ses affaires ». Pratique fort en vogue dans notre pays. C'est elle qui paralyse les efforts que l'on fait pour guérir certaines plaies sociales. Les luttes récentes contre l'alcoolisme nous en ont fourni plus d'une preuve. En somme c'est toujours l'exploitation de la faiblesse et de la naïveté des braves gens. Pitié chimérique qui permet au mal de s'étendre et de prendre racine partout.

Certains se retranchent derrière l'honneur. Rappelons-nous donc qu'il n'y a pas d'honneur ni de pitié qui tiennent devant un homme qui sort des rangs de l'honneur, du droit et de la justice. Il est, lui aussi, un malfaiteur, et il n'a pas plus droit à la pitié que les incendiaires et les pillards : il s'associe aux malfaiteurs, il participe à leurs méfaits, il se met par là-même au ban de la société. Et c'est pour cela que l'Église se montre sévère pour lui.

Mais si la pitié est due à quelqu'un, c'est bien à l'Église, la victime habituelle de ces institutions malfaisantes. Seule, l'aberration du sens moral est capable de nous empêcher de reconnaître ici notre devoir. Nous devons tous incontestablement assistance et protection à cette Église dont nous sommes les membres, la chair de sa chair, les os de ses os. Ce que l'on fait à une partie, le corps tout entier le ressent. Attaquer l'Église, c'est attaquer chacun de nous. Là doit aller notre pitié et pas ailleurs, c'est l'ordre de la charité.

5º. L'idée si répandue que les loges sont des sociétés de secours mutuel est aussi un grand obstacle à la dénonciation.

L'idée n'est pas tout à fait fausse, il y a du vrai, car c'est un manteau dont on couvre ces organisations pour les faire voir sous un jour favorable. C'est par ce moyen qu'elles s'insinuent et pénètrent si facilement. Elles accordent certains bénéfices à ses adeptes et leur assurent une certaine protection, efficace en plusieurs cas. Il arrive même que plusieurs de ses organisations réussissent à capter la confiance de certaines grandes compagnies de commerce, de finance ou de transport. On dit encore qu'elles disposent de la plupart des engagements et des promotions, dans ces institutions. S'il faut en croire la rumeur, certains quartiers du service civil auraient subi le même sort, mais, nous n'en voulons rien croire. Ces institutions deviennent un petit monde fermé, réservé aux adeptes, mais dont l'entrée est une prime pour les candidats et une récompense pour les affiliés.

Bien sûr, tout cela se fait à l'insu des autorités supérieures. Elles ont trop d'intelligence et de délicatesse pour l'autoriser, et leurs occupations ne leur permettent pas de voir à ce détail ; cependant le mal existe puisqu'on en constate la présence de temps à autre.

Nous engageons les directeurs des grandes compagnies et les chefs politiques à méditer les réflexions suivantes que nous trouvons dans l'*Action Sociale* :

« Que ces messieurs n'oublient donc pas que cette classe d'employés intermédiaires ou ces chefs de départements sont, dans notre pays, en grande partie responsables de ces bévues ou de ces misères. Ils ont des allures de chien couchant devant leur chef hiérarchique, mais ils sont souvent de vrais tyranneaux devant les employés qui dépendent d'eux, et c'est parfois au prix des pires menaces qu'ils font exécuter des ordres qui ne sont pas toujours respectueux des droits de la langue française et de la foi catholique. Ils se retranchent derrière le lointain et le secret de leurs bureaux, toujours peu accessibles au commun des mortels. » (l'*Act. Soc.*, 11 août 1908, 5e page, 5e col.).

Ces réflexions sont également vraies des sociétés secrètes et de leurs prosélytes. Cependant, il ne faudrait pas prendre trop au sérieux les prétentions de ces zélateurs ; nous les examinerons un jour, et nous dirons ce qu'elles valent. Nous dirons aussi quelles déceptions elles préparent à ces trop crédules admirateurs et partisans de tout ce qui s'enveloppe de ténèbres et de mystères.

6°. Il y aurait beaucoup à dire sur le fameux serment du secret. Mais il faudrait toute une étude à part. Qu'il nous suffise de savoir, pour le quart d'heure, que ce serment est immoral. Il place un individu en dehors des conditions ordinaires et essentielles de toute société. Il le met en opposition à la loi humaine et à la loi divine. Personne n'est tenu de le garder.

7°. Je ne sais si je me trompe, mais il me semble qu'on a pu faire, au cours de cette lecture, un rapprochement que j'ai hâte d'écarter.

On aurait grandement tort d'assimiler la dénonciation juridique à la trop célèbre délation des fiches provoquée par la franc-maçonnerie française, à la suite de la malheureuse affaire Dreyfus. Il y a tout un monde entre les deux choses.

D'abord, la dénonciation des conspirateurs est une nécessité reconnue, et par le droit civil et par le droit ecclésiastique. Puis l'Église se protège et se défend contre toute organisation qui en veut à sa vie, tandis que le trop fameux ministre de la Guerre, cherchait des victimes parmi les hommes d'honneur et de devoir, la fine fleur de l'armée française. C'était la désorganisation « organisée » au profit des sectaires, ennemis de la vraie France, la France chrétienne et chevaleresque que nous avons l'honneur d'appeler notre mère.

V

CONCLUSION

Sommaire : — Malaise canadien-français. — Agissons !

Ne nous laissons donc pas tromper par la comédie du mensonge qui se joue actuellement autour de nous.

Le mensonge et l'hypocrisie sont les deux véhicules de la franc-maçonnerie. Léon XIII et ses prédécesseurs l'ont fort bien démontré, et maintes fois dans notre pays, nous en avons eu des preuves évidentes.

Nos compatriotes sont facilement accessibles à ces sortes de choses, ils se défendent mal contre les nouveautés qui tendent à diminuer le respect dû à l'Église, et ils les acceptent avec une légèreté qui peut nuire à leur jugement.

Soyons donc plus prudents que jamais, car il y a en ce moment chez les nôtres, une sorte d'énervement, de mobilité maladive qui pourrait devenir dangereuse, si elle passait à l'état chronique, Il est devenu bien facile de faire accepter les critiques, les reproches, même les calomnies contre l'enseignement et la discipline de celle qui a veillé sur le berceau de notre nationalité.

D'où vient cela ? Nous ne voulons pas le rechercher aujourd'hui, mais on nous permettra bien de dire à nos compatriotes, à nos frères dont nous partageons le patriotisme : S'il y a dans l'Église, dans ses ministres, dans ses membres, des choses que vous ne comprenez pas, de grâce, donnez-vous la peine de l'interroger, elle-même, cette Église. Il vous serait si facile d'aller frapper à la porte de guides mieux renseignés et plus compétents : ceux, par exemple, qui passent leur vie dans l'étude. Ses deux mille ans d'existence, sa résistance à toutes les épreuves, sa durée malgré les coups qu'on lui a portés, l'ont marquée d'une profonde empreinte. Elle est bien la seule institution de la terre qui ait vécu si longtemps. Elle a donc droit à un certain respect, quand ce ne serait que celui de l'âge et de l'expérience qui l'autorisent certainement à parler pour elle-même.

En outre les bienfaits qu'elle nous a prodigués, à nous, canadiens-français, depuis trois siècles, lui ont acquis un droit de plus à notre estime et à notre considération !

Elle n'aime rien tant que le grand air et la lumière. Mais il n'en est pas de même de ses ennemis. Ils ressemblent au microbe de la consomption, qui recherche l'obscurité et les bas-fonds froids et humides pour s'attaquer ensuite aux tempéraments les plus faibles.

Passons le balai et l'éponge, l'eau et le phénol ; faisons de l'air et de la lumière, et nous aurons fait notre devoir de bon canadien et de bon chrétien !

Fr. Th. Couët, O. P.